AF246056

ASSURANCE MUTUELLE

CONTRE

LES RISQUES DE L'ÉMEUTE ET DE LA GUERRE

POUR LA VILLE DE PARIS.

PROJET DE STATUTS

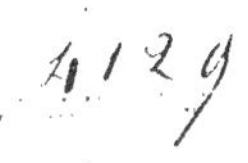

PARIS

IMPRIMERIE DE A. PARENT

RUE MONSIEUR-LE-PRINCE, 31

1872

ASSURANCE MUTUELLE

CONTRE

LES RISQUES DE L'ÉMEUTE ET DE LA GUERRE

POUR LA VILLE DE PARIS.

PROJET DE STATUTS

Ire Section. — Constitution de la Société.

ARTICLE 1er. — *Formation de la Société.*

Il est formé Société d'assurance mutuelle entre les membres fondateurs, signataires de l'acte de Société, et ceux qui par la suite adhéreront aux présents statuts.

Cette Société sera dénommée :

Société d'assurance mutuelle contre les risques de l'émeute et de la guerre, pour la ville de Paris.

ART. 2. — *Siége.*

Cette Société aura son siége à Paris.

ART. 3. — *Durée.*

Elle commencera le jour qui suivra l'approbation des statuts en Assemblée générale, et durera trente années.

Cette durée pourra être prolongée en vertu d'une delibération du Conseil général.

Art. 4. — *Objet.*

Elle a pour objet d'établir entre ses membres une garantie mutelle contre tous dommages matériels causés par les émeutes, les événements politiques et les faits de guerre, aux propriétés assurées, sous les conditions et réserves ci-après :

Les seuls dommages qui donnent droit à une indemnité, sont : la destruction totale ou partielle des biens assurés ; par incendie volontaire ou accidentel, par projectiles de guerre, par démolition, par explosion, par pillage, etc., toutefois seulement que cette destruction est une conséquence directe de la guerre civile ou etrangère.

Le Sociétaire qui aurait détruit lui-même ou fait détruire sa chose ou celle d'autres assurés, sans nécessité urgente et reconnue par le Gouvernement régulier, perd son droit à l'indemnité, et demeure néanmoins tenu, sur tous ses biens, au paiement de la contribution fixée par l'art. 9, sans préjudice des dommages-intérêts dont la loi commune le rend passible.

Art. 5. — *Propriétés admises.*

Ne sont admis à l'assurance que les objets faisant partie des quatre catégories suivantes, sis dans l'enceinte des fortifications de Paris.

1re *catégorie.* — Propriétés foncières et immeubles par destination.

2e *catégorie.* — Mobilier (meubles meublants, appareils, machines, matériel d'exploitation, objets d'art, collections, etc.) à l'exclusion seulement des valeurs en numéraire, billets de banque, titres nominatifs ou au porteur de toute nature, bijoux ou vêtements destinés à un usage personnel.

3ᵉ *catégorie.* — Marchandises brutes ou ouvrées, en vente ou en dépôt.

4ᵉ *catégorie.* — Valeurs intrinsèques des fonds de commerce calculées sur estimation contradictoire de la valeur vénale.

Sont formellement exclus de l'assurance : les poudres de chasse ou de guerre et toute matière destinée au même usage, ainsi que les bâtiments où elles sont déposées ou fabriquées ; les propriétés affectées à un service public.

Au surplus, le Comité d'administration se réserve le droit de refuser toute assurance qui lui paraîtrait de nature à compromettre la sûreté général des associés, et d'accepter et classer toute assurance d'une propriété sur laquelle on ne peut juger que par analogie.

Les décisions de ce Comité ne peuvent être frappées d'appel que devant le Conseil général.

ART. 6. — *Droits incorporels.*

Seront admis à l'assurance tous nus-propriétaires ou usufruitiers, mais sous condition expresse qu'en cas de sinistre l'indemnité, pour une même propriété, ne pourra excéder la valeur de l'objet assuré, quel que soit le nombre des ayants droit, sauf à eux à ventiler cette indemnité comme bon leur semblera.

Seront admis les locataires en vertu de bail régulier pour leur droit au bail.

Seront pareillement admis à l'assurance les salaires

des ouvriers employés par l'industrie privée au mois
ou à l'année.

Art. 7. — *Entrée à l'assurance.*

Tout adhérent sera tenu de déposer une demande
tendant à faire partie de l'Association, et indiquant le
nombre, la situation et la valeur des objets à assurer ;
la durée de l'engagement qu'il entend contracter. Il
devra en outre fournir tous renseignements suffisants,
justificatifs de sa propriété.

Le Comité d'administration sera tenu de prononcer
sur chaque demande faite dans ces conditions, sauf
appel de ses décisions à l'Assemblée annuelle du Conseil général.

Art. 8. — *Durée du contrat d'assurance.*

La durée de l'assurance sera de cinq ans au moins,
de trente ans au plus. Toutefois elle continuera par
tacite reconduction, à défaut par l'assuré de prévenir
de son intention de se retirer trois mois au moins à
l'avance.

L'engagement pris ne pourra être résilié qu'en cas
d'anéantissement total de la chose assurée, dénoncé
et prouvé. Mais toute cotisation antérieure à cette con-
statation demeure acquise à la Société.

Tout assuré qui désirera faire entrer dans l'assurance des valeurs nouvelles, le pourra par un avenant
souscrit dans les mêmes conditions.

Art. 9. — *Responsabilité.*

Chaque Sociétaire ne sera tenu de son engagement que jusqu'à concurrence de cinq francs pour

mille francs de la valeur des objets assurés. Cette valeur, représentée par le chiffre inscrit dans la police, servira de base unique pour la répartition de la contribution à fournir en cas de sinistre.

En ce qui concerne les baux, la valeur assurée sera le total des loyers pendant le temps à courir. Pour l'usufruit ou la nue-propriété, elle sera comptée de la moitié de la valeur de la propriété. Pour les salaires, cette valeur sera une année courante, quel que soit le temps de l'assurance.

Art. 10. — *Classes de risques.*

Bien qu'il ne soit fait aucune classification qui n'aurait aucune raison d'être, vu la nature des risques courus, certaines propriétés, telles que les fabriques d'armes, les imprimeries, les journaux, etc, plus spécialement en butte aux accidents politiques, pourront payer, en cas de sinistre, une indemnité proportionnelle plus forte et qui sera fixée d'avance, contradictoirement, au moment de l'assurance, entre l'assuré et le Comité d'administration.

2° Section. — Formalités.

Art. 11. — *Assurances.*

Toute assurance offerte au Directeur, dans les formes prescrites par l'art. 7, ne sera définitive qu'après avoir reçu l'approbation du Comité d'administration réuni en séance mensuelle, et prendra date du jour de sa souscription.

Les adhérents devront se soumettre à une expertise

amiable et sans frais par les agents assermentés de la Société, toutes les fois que le Directeur ou le Comité le jugeront utile.

ART. 12. — *Règlement des sinistres.*

Tout sinistre doit être dénoncé dans les vingt-quatre heures de la cessation de la cause sinistrante, sauf le cas de force majeure, prouvé par le lésé à la Direction ; et la déclaration doit être consignée séance tenante sur un registre spécial, et signée du déclarant et du Directeur, ou de leurs fondés de pouvoir. Faute d'avoir accompli cette formalité dans le délai prescrit, l'assuré peut être tenu de fournir, à ses frais toute preuve juridique suffisante. En ce qui concerne les salaires, la preuve du temps de chômage résultera de la fermeture forcée des ateliers pendant la guerre ou l'émeute, ou de leur destruction.

Aussitôt cette déclaration, l'estimation est faite à la diligence du Directeur, par l'expert nommé par le Comité d'administration et l'expert de la partie réclamante. Le rapport de cette expertise est transmis au Comité d'administration qui décide, sauf appel au Conseil général.

Dans le cas où l'accord ne pourra se faire à l'amiable, il sera nommé, soit par les deux experts, soit par le juge de paix de l'arrondissement du siége de la Société, un tiers expert qui s'adjoindra aux premiers. Les frais de cette tierce expertise seront à la charge de la partie qui succombera dans ses prétentions.

ART. 13. — *Partage de l'indemnité.*

L'indemnité due pour chaque dommage sera ainsi calculée :

Estimation sera faite dudit dommage, eu égard à la valeur de l'objet assuré au moment du sinistre. Mais en aucun cas, cette valeur ne pourra excéder, même proportionnellement, l'estimation faite du même objet lors de l'assurance ou de l'avenant.

Le total des pertes sera fait et réparti à la charge de chacun, selon la valeur assurée, et dans les limites de responsabilité fixées en l'art. 9. Enfin les ayants droit se partageront l'indemnité totale en résultant, proportionnellement à leurs pertes ainsi établies.

Les mêmes bases indiquées en l'art 9 pour les baux, les nues propriétés et les usufruits serviront au partage ; avec cette clause expresse, que l'indemnité à payer aux locataires par la compagnie ne pourra être cumulée avec les indemnités que les dits locataires obtiendraient directement de leurs propriétaires.

L'indemnité pour pertes de salaires ne pourra excéder le temps du chômage effectif entraîné directement par la guerre et l'émeute, ainsi qu'il est dit en l'art. 12, et l'art. 4, § 3, sera applicable.

Art. 14. — *Paiement effectif de l'indemnité.*

Le délai pour le paiement effectif de l'indemnité aux ayants droit ne peut excéder trois mois, à partir de l'estimation amiable ou judiciaire du dommage.

Art. 15. — *Décision du conseil.*

En conséquence, aussitôt que l'entente est faite sur cette estimation, le Conseil d'administration répartit, sur les bases indiquées aux art. 12 et 13, les sommes dues par chacun et à chacun des associés, par une décision générale.

Cette décision est provisoirement exécutoire, en ce qui concerne les recouvrements, malgré tout appel devant le Conseil général, dont la faculté est réservée à ceux qui le croiraient lésés.

Art. 16. — *Recouvrements*

Sur simple avis du directeur, qui porte à la connaissance de chacun d'eux le chiffre de la contribution qu'il doit fournir, les sociétaires sont tenus de verser entre les mains du caissier, dans le délai d'un·mois, les sommes dont ils sont débiteurs. A défaut de ce paiement, ils sont poursuivables par toutes voies de droit.

Il n'y a point de solidarité entre eux.

Art. 17. — *Droit de la société.*

Après le paiement de l'indemnité, la société succède à tous droits des associés résultant du même fait.

3ᵉ **Section.** — **De l'administration.**

Art. 18. — *Conseil général.*

Le Conseil général se compose des cent assurés pour les valeurs les plus considérables, pris dans toutes les catégories.

Il nomme au scrutin secret, à chaque réunion, son Président et son bureau.

Ses délibérations sont prises à la majorité des voix ; celle du Président est prépondérante en cas de partage.

Il est dressé procès-verbal en forme de ses délibérations, et ce procès-verbal est transmis au directeur et au Conseil d'administration.

Il se réunit une fois chaque année, et la durée de sa session doit être suffisante pour vider toutes les affaires qui s'y présentent.

Il suffit de la présence d'un tiers des membres pour assurer la validité de ses délibérations.

Art. 19. — *Attributions.*

Le Conseil général règle définitivement le budget des recettes et les dépenses.

Il prononce, le Comité d'administration et le directeur entendus, sur les appels interjetés devant lui des décisions du Comité d'administration.

Il statue sur toutes les affaires de la Société qui lui sont soumises soit par le directeur, soit par le Comité d'administration.

Il nomme les membres du Comité d'administration.

Il nomme le directeur et peut même le révoquer, mais seulement pour des motifs graves et bien constatés.

Art. 20. — *Comité d'administration.*

Le Comité d'administration se compose de vingt membres choisis autant que possible dans les vingt arrondissements.

Il est nommé et renouvelable par moitié tous les trois ans, par le Conseil général. Les membres sortants sont rééligibles.

Ce Comité devra être complété dès qu'il sera privé du tiers de ses membres.

Il nomme lui-même son Président et compose son bureau pour une année.

Ses délibérations sont prises à la majorité des voix. En cas de partage, celle du Président est prépondérante.

Il peut délibérer quand six au moins de ses membres sont présents.

Il se réunit tous les mois ou plus souvent, si besoin est, sur la convocation du directeur.

Tout membre du Comité d'administration doit faire partie de la Société pour une valeur en capital d'au moins cent mille francs.

Art. 21. — Attributions.

Le Comité d'administration nomme, sur la présentation du directeur, tous agents et employés salariés.

Il statue sur toutes affaires de la Société, ainsi qu'il a été dit plus haut et consigne ses arrêtés sur des registres qu'il tient à cet effet. Le directeur est chargé de l'exécution.

Il décide toutes dépenses et répartitions.

Il donne tous quitus des comptes du directeur et du caissier.

Il statue sur toutes poursuites à exercer, toutes actions à intenter et sur tous compromis et transactions

Art. 22. — Directeur.

Le directeur dirige et exécute toutes les opérations de la Société. Il est l'intermédiaire obligé entre les conseils général et d'administration et les assurés. Il est tenu d'obéir aux décisions du Comité d'administration et d'en assurer l'exécution.

Il prépare tout traité d'assurance, qui reçoit à son égard sanction définitive dès qu'il est approuvé par le Comité.

Il est chargé de la comptabilité et de la surveillance de tous les employés.

Il présente au Comité d'administration les employés à nommer et fait les propositions de révocation.

Il a qualité pour poursuivre judiciairement, sur l'ordre du Comité d'administration ; et, en cas de procès, il est tenu de soumettre audit Comité les dossiers de chaque affaire complétement élaborés.

Il délivre les mandats de dépenses et répartitions arrêtées par le Conseil d'administration.

Chaque année, il est tenu de présenter au Conseil général le bilan détaillé de la Société. Ce Conseil lui délivre un quitus aussitôt après examen.

En un mot, le directeur, simple chef exécutif, ne répond que de la bonne exécution des ordres qui lui sont transmis. Les frais frustratoires qu'il aurait faits de sa propre initiative et les péremptions qu'il aurait laissé acquérir par négligence peuvent seuls être mis à sa charge. Toutes ses opérations doivent être soumises à l'approbation du Comité d'administration.

Enfin il fait, sans autorisation préalable, mais sauf ratification ultérieure, tous actes d'administration intérieure. Ainsi il signe et délivre toute police, fait poser toute plaque, fait tous actes conservatoires, recouvre les cotisations annuelles et autres sommes accessoires, délivre tous mandats de dépenses courantes (frais de loyer et de bureau, traitements, salaires, etc.).

Il a voix consultative aux réunions des Conseil général et Comité d'administration, auxquelles il est tenu d'assister ou de se faire représenter en cas d'empêchement.

Le directeur actuel est M. WANAULD (Paul), ancien receveur de l'enregistrement et des domaines, à Paris.

Art. 23. — *Caissier.*

Le caissier de la compagnie reçoit sur ses quittances toute somme due pour la contribution aux sinistres et la cotisation dont il va être parlé. Il reçoit de même, mais seulement sur le visa du directeur, toutes autres sommes non specifiées.

Il paye toutes dépenses sur mandats délivrés par le directeur, ainsi qu'il est dit en l'art. 22.

Il est placé sous le contrôle immédiat du directeur, et doit opérer son versement journalier, avec comptabilité sommaire à l'appui, dans une caisse courante dont le directeur et lui possèdent chacun une clef.

Il remet tous les mois au directeur, avant la réunion du Comité d'administration, un bordereau de la forme prescrite.

Il fournira un cautionnement fixé par le Comité d'administration.

Art. 24. — *Autres employés.*

Un nombre d'employés salariés suffisant pour assurer la régularité du service devra être nommé par le Comité d'administration, sur la proposition du directeur.

Art. 25. — *Comité de prévoyance.*

Il existera au sein de l'association un Comité chargé de chercher gratuitement du travail aux ouvriers assurés.

Ce Comité fonctionnera en tous temps.

4ᵉ Section. — Fonds de réserve.

Art. 26. — *Cotisation.*

Tous frais d'administration seront couverts au moyen d'une cotisation annuelle payable, la première fois au moment de la délivrance de la police, puis d'année en année à l'époque correspondante. Un mois après la date d'exigibilité, le sociétaire en retard pourra être poursuivi.

Cette cotisation est fixée à dix centimes pour mille francs de valeur assurée. Ce taux pourra être abaissé par la suite par délibération du Conseil général.

A cette cotisation annuelle viendront se joindre le coût de la police ou de l'avenant, fixé à deux francs, le coût de la plaque apposée sur les propriétés, fixé à deux francs.

Pour les assurances de salaires donnant une cotisation annuelle inférieure à un franc, il sera délivré un simple certificat remplaçant la police, du coût de cinquante centimes, et le minimum de la cotisation annuelle sera de vingt-cinq centimes.

Art. 27 — *Frais d'administration.*

Les recettes spécifiées en l'article ci-dessus serviront à couvrir tous frais d'administration tels que :

Traitement du directeur, fixé à un dixième du montant brut de ces recettes.

Frais de loyers, de bureau, de correspondance, de plaques à apposer, remises aux courtiers.

Appointements des employés, jetons de présence aux membres des conseils.

Enfin toutes dépenses de gestion prévues et imprévues.

Art. 28. — *Fonds de réserve.*

La Société ne devant faire aucun bénéfice, l'excédant de la cotisation et des accessoires, après déduction d'un fonds de roulement suffisant et des prélèvements que le Conseil d'administration jugera utile d'employer avec l'assentiment du Conseil général, à assurer un fonds de retraite aux agents et en œuvres de bienfaisance au profit des associés, formera un fonds de réserve destiné à hâter, le cas échéant, le paiement des indemnités.

Ce fonds de réserve sera employé en placements solides et facilement remboursables, (valeurs françaises), ainsi qu'en décidera le Comité d'administration, et versé dans une caisse générale à trois clefs dont l'une sera gardée par le Président dudit Comité, la seconde par le directeur, et la troisième par le caissier.

***

5° Section. — Dispositions générales.

Art. 29. — *Modifications aux statuts.*

Toute modification aux présents statuts ne peut être adoptée que par le Conseil général, à une majorité représentant le tiers au moins de ses membres.

Art. 30. — *Liquidation de la Société.*

En cas de liquidation de la présente Société, le Comité d'administration et le directeur demeureront chargés de cette liquidation, et les fonds restant en caisse seront employés en œuvres de bienfaisance.

Paris. — Typ. A. Parent, rue Monsieur-le-Prince, 31.